8° F pièce
4880

CAHIER

DES

CLAUSES ET CONDITIONS GÉNÉRALES

APPLICABLES AUX MARCHÉS

DE

TRAVAUX DE CONSTRUCTIONS MILITAIRES

Du 1ᵉʳ juillet 1909

A jour au 1ᵉʳ septembre 1913

DEPOT LEGAL
HAUTE-VIENNE
N° 243
1913

PARIS
HENRI CHARLES-LAVAUZELLE
Éditeur militaire
10, Rue Danton, Boulevard Saint-Germain, 118
(MÊME MAISON A LIMOGES)

Marchés de travaux.

MARCHÉS
CONCERNANT LES
TRAVAUX DE CONSTRUCTIONS MILITAIRES

Cahier des clauses et conditions générales applicables aux marchés de travaux de constructions militaires.

(Direction du Contrôle et du Contentieux.)

Paris, le 1ᵉʳ juillet 1909.

Art. 1ᵉʳ.
Dispositions générales.

Tous les marchés relatifs à l'exécution des travaux de constructions dépendant du Département de la guerre, qu'ils soient passés dans la forme d'adjudication publique, ou qu'ils résultent de conventions faites de gré à gré, sont soumis, en tout ce qui leur est applicable, aux dispositions ci-après.

TITRE Iᵉʳ.
Passation des marchés.

Art. 2.
Mode de passation des marchés par adjudication.

Les adjudications sont passées par des commissions d'adjudications, dans les formes et avec les garanties prévues dans le document ayant pour titre : « Instruction relative aux marchés du Département de la guerre ».

Marchés de travaux.

Les conditions à remplir pour être admis à concourir à ces adjudications sont indiquées dans cette même instruction.

Art. 3.

Cautionnements.

Le cahier des charges spéciales de chaque entreprise détermine l'importance des cautionnements à produire :

Par chaque soumissionnaire, à titre provisoire ;
Par l'adjudicataire, à titre définitif.

Ces cautionnements sont réalisés dans les conditions fixées par le décret relatif aux adjudications et aux marchés passés au nom de l'Etat (1) et par le titre V de l'instruction relative aux marchés du Département de la guerre.

Le cautionnement définitif est constitué dans le département où se fait l'adjudication, et doit être réalisé dans les quinze jours qui suivent la notification de l'approbation du marché.

Il reste affecté à la garantie des engagements contractés par l'adjudicataire jusqu'à la réception définitive des travaux. Toutefois, le Ministre peut, dans le cours de l'entreprise, autoriser la restitution de tout ou partie du cautionnement.

Art. 4.

Approbation de l'adjudication.

L'adjudication n'est valable qu'après l'approbation de l'autorité compétente. L'entrepreneur ne peut prétendre à aucune indemnité dans le cas où l'adjudication n'est point approuvée.

Si l'approbation du marché n'a pas été notifiée à l'adjudicataire à partir de la date du procès-verbal d'adjudication dans un délai de trente jours, lorsque l'approbation est réservée au Ministre, dans un délai de dix jours lorsque l'approbation est donnée par délégation, l'adjudicataire sera libre de renoncer à l'entreprise et, sur la déclaration écrite de cette renonciation, il lui sera donné mainlevée de son cautionnement.

Mais s'il n'a pas usé de cette faculté avant d'avoir reçu la

---

(1) Décret du 18 novembre 1882.

Marchés de travaux.

notification de l'approbation du marché, il sera engagé irrévocablement vis-à-vis de l'Etat par cette notification.

Art. 5.

Pièces à délivrer à l'entrepreneur.

Aussitôt après l'approbation de l'adjudication, le chef du service délivre sans frais, à l'entrepreneur, sur son récépissé, une copie, certifiée conforme, du procès-verbal d'adjudication, un exemplaire imprimé des présentes clauses et conditions générales et une copie, certifiée conforme, du cahier des charges spéciales, ainsi que des autres pièces expressément désignées dans ledit cahier comme servant de base au marché, qui ne seraient pas dans le domaine public.

Art. 6.

Marchés de gré à gré.

I. — GARANTIES A EXIGER DES ENTREPRENEURS.

Toutes les garanties exigées des concurrents pour être admis aux adjudications peuvent l'être également de ceux avec lesquels il est passé des marchés de gré à gré.

II. — MODE DE PASSATION DES MARCHÉS DE GRÉ A GRÉ.

Les marchés de gré à gré sont passés par le Ministre ou par ses délégués dans les formes prévues dans l'instruction relative aux marchés du Département de la guerre (1).

III. — APPROBATION DES MARCHÉS.

Les dispositions de l'article 4 ci-dessus relatives au délai d'approbation des adjudications publiques sont applicables aux marchés de gré à gré.

Art. 7.

Frais auxquels donne lieu la passation des marchés.

L'entrepreneur acquitte les droits de timbre et d'enregistre-

---

(1) Titre II.

Marchés de travaux.

ment auxquels donne lieu son marché, tels que ces droits résultent des lois et règlements en vigueur.

Les pièces expressément désignées dans le cahier des charges spéciales, qui n'ont pas le caractère d'un document administratif d'une application générale, doivent être considérées comme des annexes spéciales du marché et être soumises à la formalité du timbre.

Les frais d'impression et de publicité restent à la charge de l'administration.

Art. 8.

Domicile de l'entrepreneur.

L'entrepreneur est tenu d'élire domicile à proximité des travaux et de faire connaître le lieu de ce domicile au chef du service. Faute par lui de remplir cette obligation dans un délai de quinze jours à partir de la notification de l'approbation de l'adjudication, toutes les notifications qui se rattachent à son entreprise sont valables, lorsqu'elles ont été faites à la mairie de la commune désignée à cet effet par le cahier des charges spéciales.

Après la réception définitive des travaux, l'entrepreneur est relevé de l'obligation d'avoir un domicile à proximité des travaux. S'il ne fait pas connaître son nouveau domicile au chef du service, les notifications relatives à son entreprise sont valablement faites à la mairie ci-dessus désignée.

TITRE II.

Exécution des travaux.

Art. 9.

Défense de sous-traiter sans autorisation.

L'entrepreneur ne peut céder à des sous-traitants aucune partie de son entreprise sans l'autorisation du Ministre.

Dans tous les cas, il demeure personnellement responsable, tant envers l'administration qu'envers les ouvriers et les tiers.

Si un sous-traité est passé sans autorisation, le Ministre

peut, soit prononcer la résiliation pure et simple de l'entreprise, soit procéder à une nouvelle adjudication aux risques et périls de l'entrepreneur.

Art. 10.

Ordres de service pour l'exécution des travaux.

Un registre spécial, dit registre d'ordres, est destiné à recevoir l'inscription de tous les ordres, instructions, délivrances de tracés et communications de toute nature qui doivent être notifiés à l'entrepreneur. Ce registre est déposé dans les bureaux du service.

Chaque nouvel ordre, daté et signé, est aussitôt présenté à l'entrepreneur ou à son représentant dûment accrédité qui est également tenu de le dater et de le signer. En cas de refus ou d'absence, l'ordre est notifié à l'entrepreneur à son domicile, par un agent assermenté qui en dresse procès-verbal.

Lorsque l'entrepreneur ne signe le registre d'ordres qu'avec réserve ou refuse de le signer, il doit formuler ses observations par écrit dans un délai de dix jours francs à partir de la signature de l'ordre ou de la notification administrative ci-dessus prévue.

Passé ce délai, l'entrepreneur est réputé avoir accepté l'ordre avec toutes ses conséquences.

L'entrepreneur doit se conformer aux prescriptions des ordres de service, quelles que soient les réclamations qu'il ait à présenter. En cas de contestation, l'état des choses et des lieux doit être préalablement constaté, par procès-verbal, en présence de l'entrepreneur ou lui dûment appelé par écrit, si l'exécution de l'ordre donné doit avoir pour effet de le modifier ou de le faire disparaître.

Le chef du service règle l'ordre de succession des travaux et l'époque de leur exécution, à moins de dispositions particulières du cahier des charges spéciales.

Il détermine également, s'il le juge nécessaire, l'importance des moyens à employer en hommes, en matériaux et en approvisionnements, sans que l'entrepreneur puisse se prévaloir des conséquences de la direction ainsi donnée aux chantiers pour réclamer une indemnité, sauf le cas de fausse manœuvre provenant du fait de l'administration.

L'entrepreneur reçoit gratuitement du chef du service, au

Marchés de travaux.

cours de l'entreprise, une expédition certifiée conforme de chacun des dessins de détail et autres documents nécessaires à l'exécution des travaux. Ces dessins et documents seront rendus à l'administration aussitôt après l'achèvement des travaux.

L'entrepreneur se conforme strictement aux plans, profils, tracés, ordres de service, et, s'il y a lieu, aux types et modèles qui lui sont donnés par le chef du service pour les travaux.

Il se conforme également aux changements qui lui sont prescrits, en cours d'exécution des travaux, par la voie du registre d'ordres.

Le règlement des dépenses n'est fait que conformément aux ordres ainsi donnés par écrit, et, dans aucun cas, l'entrepreneur n'est admis à invoquer des ordres verbaux pour réclamer le payement des travaux exécutés par lui.

Art. 11.

Police des chantiers.

Le personnel de l'entreprise est soumis, sur les chantiers, à la police des agents de l'administration.

L'entrepreneur est tenu d'observer et de faire observer les consignes établies par le chef du service pour le bon ordre des travaux et la police des chantiers.

Dans les cas graves motivant une arrestation, l'individu, appréhendé par qui de droit, est remis entre les mains de l'autorité judiciaire, conformément aux dispositions des articles 22 et 23 du titre VI de la loi du 10 juillet 1791.

Il est interdit à l'entrepreneur de faire travailler les ouvriers les dimanches et jours fériés.

Art. 12.

Présence de l'entrepreneur sur les lieux des travaux.

Pendant la durée de l'entreprise, l'adjudicataire ne peut s'éloigner du lieu des travaux qu'après avoir fait agréer, par le chef du service, un représentant capable de le remplacer, de manière qu'aucune opération ne puisse être retardée ou suspendue à raison de son absence.

L'entrepreneur se rend dans les bureaux du service et se

Marchés de travaux.

trouve sur les chantiers de travaux ou dans les ateliers, toutes les fois qu'il en est requis par le chef du service.

Art. 13.

Choix des commis, chefs d'ateliers et ouvriers.

L'entrepreneur ne peut prendre comme commis et chefs d'ateliers que des hommes capables de l'aider et de le remplacer, au besoin, dans la conduite et le métrage des travaux.

Le chef du service a le droit d'exiger le changement ou le renvoi des agents et ouvriers de l'entrepreneur pour insubordination, incapacité ou défaut de probité.

L'entrepreneur demeure d'ailleurs responsable des fraudes ou malfaçons qui seraient commises par ses agents et ouvriers dans la fourniture et l'emploi des matériaux.

Art. 14.

Liste nominative des ouvriers.

Le nombre des ouvriers de chaque profession est toujours proportionné à la quantité d'ouvrages à faire. Pour mettre le chef du service à même d'assurer l'accomplissement de cette condition, il lui est remis périodiquement, et aux époques par lui fixées, une liste nominative des ouvriers indiquant, s'il y a lieu, leur nationalité.

Art. 15.

Payement des ouvriers.

Conformément aux dispositions de la loi du 7 décembre 1909 sur le payement des salaires des ouvriers et employés, l'entrepreneur paye ses ouvriers deux fois par mois, à seize jours au plus d'intervalle, ou à des époques plus rapprochées, si l'administration le juge nécessaire.

En cas de retard régulièrement constaté, l'administration, par application des lois des 26 pluviôse an II et 25 juillet 1891, se réserve la faculté de faire payer d'office les salaires arriérés sur les sommes dues à l'entrepreneur.

Art. 16.

Secours aux ouvriers victimes d'accidents.

Sont à la charge de l'entrepreneur toutes les dépenses du ser-

Marchés de travaux.

vice médical de l'entreprise, les soins et secours à donner aux ouvriers victimes d'accidents survenus sur les chantiers et les indemnités à allouer à ces ouvriers, à leurs veuves et à leurs enfants.

Art. 17.

Outils, équipages et faux frais de l'entreprise.

L'entrepreneur est tenu de fournir, à ses frais, tous les locaux, équipages, voitures, apparaux, ustensiles et outils de toute espèce nécessaires à l'exécution des travaux, sauf les exceptions stipulées au cahier des charges spéciales.

Sont également à sa charge l'établissement des chantiers et chemins de service et les indemnités y relatives, les frais de pesage, de tracé et de métré des ouvrages, ceux résultant des mesures de police et de voirie édictées par les autorités civile et militaire, et généralement toutes les dépenses et tous les faux frais relatifs à son entreprise.

Art. 18.

Carrières désignées au devis.

Les matériaux sont pris dans les lieux indiqués au devis ou au cahier des charges spéciales.

L'entrepreneur y ouvre, au besoin, des carrières à ses frais.

Il est tenu, avant de commencer les extractions, de prévenir les propriétaires, suivant les formes déterminées par les lois et règlements.

Il paye, sans recours contre l'administration et en se conformant aux lois et règlements sur la matière, tous les dommages qu'ont pu occasionner la prise ou l'extraction, le transport et le dépôt des matériaux.

Dans le cas où le devis ou le cahier des charges spéciales prescrit d'extraire des matériaux dans des bois soumis au régime forestier, l'entrepreneur doit se conformer, en outre, aux prescriptions de l'article 145 du Code forestier, ainsi que des articles 172, 173 et 175 de l'ordonnance du 1er août 1827 concernant l'exécution de ce Code.

L'entrepreneur doit justifier, toutes les fois qu'il en est requis, de l'accomplissement des obligations énoncées dans le

Marchés de travaux.

présent article ainsi que du payement des indemnités pour l'établissement de chantiers et de chemins de service.

Art. 19.

Carrières proposées par l'entrepreneur.

Si l'entrepreneur demande à substituer aux carrières indiquées dans le devis ou le cahier des charges spéciales d'autres carrières fournissant des matériaux d'une qualité que le chef du service reconnaît au moins égale, il reçoit l'autorisation d'employer ces matériaux et ne subit, sur les prix de l'adjudication, aucune réduction pour cause de diminution des frais d'extraction, de transport et de taille des matériaux ; mais il n'a droit non plus, de ce chef, à aucune indemnité.

A défaut d'accord avec les propriétaires des nouvelles carrières, il peut aussi obtenir l'autorisation de les exploiter.

Art. 20.

Défense de livrer au commerce les matériaux extraits des carrières désignées.

L'entrepreneur ne peut livrer au commerce, sans l'autorisation écrite du propriétaire, les matériaux qu'il a fait extraire dans les carrières exploitées par lui, en vertu du droit qui lui a été conféré par l'administration.

Art. 21.

Spécifications relatives aux matériaux et objets à fournir ou à employer.

I. — QUALITÉ DES MATÉRIAUX.

Les matériaux doivent être de la meilleure qualité dans chaque espèce, être parfaitement travaillés et mis en œuvre conformément aux règles de l'art ; ils ne peuvent être employés qu'après avoir été vérifiés et provisoirement acceptés par le chef du service ou par ses délégués. Nonobstant cette acceptation et jusqu'à la réception définitive des travaux, ils peuvent, en cas de surpri-

Marchés de travaux.

se, de mauvaise qualité ou de malfaçons, être rebutés par le chef du service et ils sont alors remplacés par l'entrepreneur.

II. — PROVENANCE DES MATÉRIAUX.

Sauf les exceptions prévues au cahier des charges spéciales, les matériaux et matières doivent être d'origine française ou provenir des colonies françaises ou des pays de protectorat. Les objets doivent être de fabrication française ou bien avoir été fabriqués, soit dans les colonies françaises, soit dans les pays de protectorat.

L'entrepreneur sera tenu de justifier de l'origine (par la production des plombs, lettres de voitures, etc.), toutes les fois qu'il en sera requis.

Les matériaux dont la provenance est stipulée au marché pourront être remplacés par des matériaux similaires d'une autre provenance, mais remplissant les conditions spécifiées ci-dessus, lorsqu'ils auront été agréés par le chef du service.

III. — ÉCHANTILLONS-TYPES.

Chaque entrepreneur pourra être requis, par l'ordre lui notifiant un travail à mettre en chantier, de déposer au bureau du service, aux frais de l'Etat, un échantillon-type des matériaux et objets de toute nature usinés ou non, à mettre en œuvre dans le travail prescrit.

Si les matériaux et objets mis en place n'étaient pas conformes à l'échantillon, l'administration aurait le droit d'en exiger le remplacement aux frais de l'entrepreneur.

IV. — TRAVAUX COMPORTANT L'APPLICATION DE SYSTÈMES BREVETÉS.

Lorsque le travail comporte l'application de systèmes brevetés appartenant à l'adjudicataire, celui-ci agit en la double qualité d'architecte et d'entrepreneur, au point de vue des responsabilités prévues par la loi.

L'entrepreneur garantit notamment l'Etat contre toute action qui pourrait lui être intentée au sujet de la propriété industrielle du système qu'il emploie.

Art. 22.

Enlèvement des matériaux et objets sans emploi.

L'entrepreneur doit enlever des chantiers, dans un délai dé-

Marchés de travaux.

terminé par le chef du service, le matériel de l'entreprise et les matériaux refusés ou en excédent après la construction ou en fin de marché; faute de quoi ces objets peuvent être, trente jours après mise en demeure d'enlever, déposés sur des terrains pris en location, ou vendus aux enchères par le ministère d'un officier public, le tout aux frais de l'entrepreneur et sans qu'il puisse élever aucune réclamation.

En cas de vente aux enchères, le produit net de la vente est versé, au nom de l'entrepreneur, à la Caisse des dépôts et consignations.

Art. 23.

Dimensions et dispositions des ouvrages.

L'entrepreneur ne peut, de lui-même, apporter aucun changement au projet.

Il est tenu de faire immédiatement, sur l'ordre écrit du chef du service, remplacer les matériaux ou reconstruire les ouvrages dont les dimensions ou les dispositions ne sont pas conformes aux ordres de service ou aux dessins d'exécution.

Toutefois, si le chef du service reconnaît que les changements faits par l'entrepreneur ne sont pas contraires aux règles de l'art, les nouvelles dispositions peuvent être maintenues ; mais alors l'entrepreneur n'a droit à aucune augmentation de prix, à raison des dimensions plus fortes ou de la valeur plus considérable que peuvent avoir les matériaux ou les ouvrages. Dans ce cas, les métrages sont basés sur les dimensions prescrites par les ordres de service ou les dessins d'exécution. Si, au contraire, les dimensions sont plus faibles ou la valeur des matériaux moindre, les métrés ou les prix sont établis d'après le travail réellement fait.

Art. 24.

Démolition d'anciens ouvrages.

Lorsque l'exécution des travaux comporte la démolition d'anciens ouvrages, les matériaux doivent être déplacés avec soin pour qu'ils puissent être façonnés de nouveau et employés, s'il y a lieu.

Marchés de travaux.

Art. 25.

Objets trouvés dans les fouilles.

L'administration se réserve la propriété des matériaux, ainsi que des objets d'art et de toute nature qui se trouvent dans les fouilles et démolitions faites dans les terrains appartenant à l'Etat, sauf à indemniser l'entrepreneur de ses soins particuliers.

Art. 26.

Emploi des matières neuves ou de démolition appartenant à l'Etat.

Lorsque, en dehors des prévisions du marché, le chef du service juge à propos d'employer des matières neuves ou de démolition appartenant à l'Etat, l'entrepreneur n'est payé que des frais de main-d'œuvre et d'emploi, conformément aux indications de l'article 29 ci-après.

Art. 27.

Vices de construction.

Lorsque le chef du service présume qu'il existe, dans les ouvrages, des vices de construction, il ordonne, soit en cours d'exécution, soit avant la réception définitive, la démolition et la reconstruction des ouvrages présumés vicieux.

Les dépenses résultant de cette opération sont à la charge de l'entrepreneur lorsque les vices de construction sont constatés et reconnus.

Art. 28.

Pertes et avaries en cas de force majeure.

Il n'est alloué à l'entrepreneur aucune indemnité à raison des pertes, avaries ou dommages occasionnés par négligence, retard, dans l'exécution, imprévoyance, défaut de moyens ou fausses manœuvres provenant de son fait. L'entrepreneur est d'ailleurs responsable des dommages causés aux tiers par suite de retards dans l'exécution.

Ne sont pas compris toutefois dans les dispositions précédentes les cas de force majeure qui, dans le délai de cinq jours au plus après l'événement, ont été signalés par écrit, par l'en-

Marchés de travaux.

trepreneur, au chef du service ; dans ce cas, néanmoins, il ne peut rien être alloué sans l'approbation du Ministre. Passé le délai de cinq jours, l'entrepreneur n'est plus admis à réclamer.

Sous la même condition d'être signalés par écrit dans le délai de cinq jours, les événements fortuits susceptibles d'entraver l'exécution des travaux peuvent, le cas échéant, donner lieu à la concession de sursis.

Mention est portée au registre d'ordres des communications faites par l'entrepreneur au sujet des événements ci-dessus.

Art. 29.

Règlement du prix des ouvrages non prévus.

Lorsqu'il est jugé nécessaire d'exécuter des ouvrages non prévus ou de modifier la provenance de matériaux, telle qu'elle est indiquée par le devis ou le cahier des charges spéciales, l'entrepreneur se conforme immédiatement aux ordres écrits qu'il reçoit à ce sujet ; les prix sont réglés à l'estimation d'après ceux du marché ou par assimilation aux ouvrages les plus analogues. Dans le cas d'une impossibilité absolue d'assimilation, on prend pour terme de comparaison les prix courants du pays.

Les prix à l'estimation, calculés de manière à être passibles du rabais ou de la surenchère de l'adjudication, après avoir été débattus par le chef du service avec l'entrepreneur, sont soumis à l'approbation du directeur.

Ces prix ne servent que pour le règlement des ordres qui ont motivé leur établissement. En cas de nouvelles commandes, il y aurait lieu à nouvelle fixation.

Si l'entrepreneur n'accepte pas les décisions du directeur, il est statué par le conseil de préfecture.

En attendant la solution du litige, l'entrepreneur est payé provisoirement, aux prix fixés par le directeur.

Art. 30.

Augmentation dans la masse des travaux.

En cas d'augmentation dans la masse des travaux, l'entrepreneur ne peut élever aucune réclamation tant que cette augmentation n'excède pas, savoir :

Marchés de travaux.

1° Pour les marchés sur devis et pour les marchés sur série de prix passés spécialement pour l'exécution de travaux de création, de grosses réparations ou d'améliorations, le sixième du montant total de la dépense indiquée dans le cahier des charges spéciales ;

2° Pour les marchés sur série de prix pour travaux de réparations et entretien, dans lesquels peuvent éventuellement rentrer certains travaux de création, de grosses réparations ou d'améliorations, dans les limites prévues au cahier des charges spéciales, le quart de l'évaluation des dépenses par exercice indiquée audit cahier.

Si l'augmentation est supérieure aux limites précitées, l'entrepreneur a droit à la résiliation de son marché, sans indemnité, à condition de l'avoir demandée par lettre adressée au directeur, dans un délai de deux mois, à partir de la notification de l'ordre de service dont l'exécution entraînerait cette augmentation de plus du sixième ou du quart selon le cas.

Nonobstant les dispositions qui précèdent, s'il s'agit d'un marché rentrant dans la catégorie définie à l'alinéa 2° ci-dessus, l'entrepreneur peut être tenu de continuer l'exécution du marché, sans indemnité, pendant un délai de trois mois au maximum, à dater du jour où il a formulé sa demande de résiliation.

Art. 31.

Diminution dans la masse des travaux.

I. — MARCHÉS SUR DEVIS ET MARCHÉS SUR SÉRIE DE PRIX PASSÉS SPÉCIALEMENT POUR TRAVAUX DE CRÉATION, DE GROSSES RÉPARATIONS OU D'AMÉLIORATIONS.

Lorsqu'en fin de marché il est constaté que le montant total de la dépense est resté inférieur de plus du sixième à l'évaluation donnée dans le cahier des charges spéciales, l'entrepreneur a droit à une indemnité ; il doit la demander dans un délai de deux mois, qui court du jour de la notification de l'arrêté du décompte définitif afférent à l'exercice dans lequel les travaux ont été terminés. En cas de contestation, l'indemnité est fixée par le conseil de préfecture.

Marchés de travaux.

II. — MARCHÉS SUR SÉRIE DE PRIX POUR TRAVAUX DE RÉPARATIONS ET ENTRETIEN.

Dans le cas de ces marchés, dans lesquels peuvent rentrer éventuellement certains travaux de création, de grosses réparations ou d'améliorations, dans les limites prévues au cahier des charges spéciales, lorsque le décompte définitif d'un exercice fait ressortir que le montant total de la dépense est resté inférieur de plus d'un quart à l'évaluation donnée au cahier des charges spéciales, l'entrepreneur n'a droit à aucune indemnité, mais il peut obtenir la résiliation de son marché en en faisant la demande par lettre adressée au directeur dans les deux mois qui suivent le jour de la notification de l'arrêté du décompte définitif.

Nonobstant la disposition précédente, l'entrepreneur peut être tenu de continuer l'exécution de son marché, sans indemnité, pendant un délai de trois mois, à partir du jour où il a formulé sa demande de résiliation.

Art. 32.

Changement dans l'importance des diverses natures d'ouvrages des marchés sur devis.

Dans les marchés sur devis, lorsque les changements ordonnés ont pour résultat de modifier l'importance de certaines natures d'ouvrages, de telle sorte que les quantités prescrites diffèrent de plus d'un quart en plus ou en moins des quantités portées au devis estimatif, l'entrepreneur peut présenter, en fin de compte, une demande en indemnité basée sur le préjudice que lui auraient causé les modifications apportées à cet égard dans les prévisions du projet.

Cette disposition est applicable même dans le cas où l'entrepreneur demande soit la résiliation de son marché, soit une indemnité par application des articles 30 et 31 ci-dessus.

Art. 33.

Variations dans les prix.

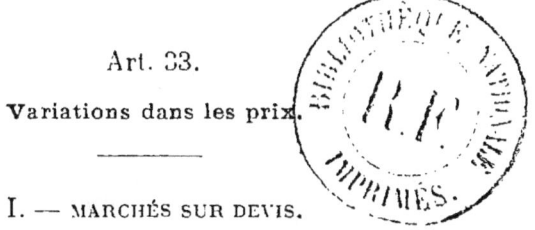

I. — MARCHÉS SUR DEVIS.

Si au cours de l'exécution de travaux ayant donné lieu à la

Marchés de travaux.

passation d'un marché sur devis, les prix subissent une augmentation telle que la dépense totale des ouvrages restant à exécuter, d'après le devis, se trouve augmentée d'un sixième comparativement aux estimations du projet, l'entrepreneur a droit à la résiliation de son marché sans indemnité.

La résiliation doit être demandée par lettre adressée au directeur, appuyée de toutes justifications nécessaires.

II. — MARCHÉS SUR SÉRIE DE PRIX (QUELLE QUE SOIT LA NATURE DES TRAVAUX).

Dans le cas d'un marché sur série de prix, l'entrepreneur a droit à la résiliation de son marché, après l'arrêté du décompte définitif de l'un quelconque des exercices pour lesquels il est passé, si, en appliquant à ce décompte définitif les prix réellement pratiqués dans les transactions courantes, on arrive à un total supérieur d'au moins un sixième au montant brut dudit décompte, calculé d'après les prix de la série, sans tenir compte du rabais ou de la surenchère du marché.

La résiliation doit être demandée par lettre adressée au directeur, dans le délai de deux mois à partir de l'arrêté du décompte définitif ; cette lettre est appuyée de toutes les justifications nécessaires.

S'il s'agit d'un marché pour travaux de réparations et entretien, dans lequel peuvent rentrer certains travaux de création, de grosses réparations ou d'améliorations dans les limites prévues au cahier des charges spéciales, l'entrepreneur pourra d'ailleurs être tenu de continuer l'exécution de son marché, sans indemnité, pendant un délai de trois mois au maximum, à partir du jour où il a formulé sa demande de résiliation.

Cette dernière disposition est applicable aux travaux de vidanges.

Art. 34.

Marchés sur série de prix auxquels ne sont pas applicables les dispositions des articles 30, 31 et 33.

Dans les cas exceptionnels où il est passé des marchés sur série de prix pour lesquels le montant des travaux n'est pas indiqué au cahier des charges spéciales, l'entrepreneur ne peut revendiquer le bénéfice des articles 30, 31 et 33 ci-dessus. Aucune demande de résiliation ou d'indemnité basée sur les quantités ou la nature des ouvrages ordonnés, ou encore sur le prix des matériaux à employer, ne peut être admise par l'administration.

Art. 35.

Cessation absolue ou ajournement des travaux.

Lorsque le Ministre ordonne la cessation absolue des travaux, l'entreprise est immédiatement résiliée. Lorsqu'il prescrit leur ajournement pour plus d'une année, soit avant, soit après un commencement d'exécution, l'entrepreneur a droit à la résiliation de son marché, s'il la demande, sans préjudice de l'indemnité qui, dans un cas comme dans l'autre, peut lui être allouée s'il y a lieu.

Lorsque les travaux sont ajournés pour moins d'une année, l'entrepreneur a droit seulement à une indemnité, en cas de préjudice dûment constaté.

Si les travaux ont reçu un commencement d'exécution, l'entrepreneur peut requérir qu'il soit procédé immédiatement à la réception provisoire des ouvrages exécutés, puis à leur réception définitive après l'expiration du délai de garantie.

Art. 36.

Mesures coercitives.

I. — RETARD DANS L'EXÉCUTION DES OUVRAGES.

Lorsqu'un délai est imposé pour l'exécution de tout ou partie d'un ouvrage, soit par le contrat, soit par un ordre de service accepté par l'entrepreneur, celui-ci est passible, sans mise en demeure, en cas de retard, d'une pénalité basée sur le montant des travaux ou de la fourniture non exécutés à l'échéance du terme.

Cette pénalité est décomptée à raison de :

Cinquante centimes pour mille francs (0 fr. 50 p. 1.000) pour chaque jour de retard depuis le premier jour jusqu'au 30° jour inclus ;

Et un franc pour mille (1 fr. p. 1.000) pour chacun des jours suivant, à partir du 31°,

Marchés de travaux.

Sans, toutefois, que le montant total de la pénalité encourue puisse dépasser le dixième de l'évaluation des travaux ou de la fourniture non exécutés au premier jour de retard.

Dans aucun cas le montant des pénalités de retard ne sera compris dans les retenues de garantie prévues à l'article 45 ci-après.

II. — DEMANDE D'EXONÉRATION DES PÉNALITÉS.

L'application des dispositions du paragraphe I, ci-dessus, donne lieu, dans chaque cas d'espèce, à l'établissement d'un « état de pénalités » qui est communiqué à l'entrepreneur, en même temps qu'une « feuille de propositions » adressée au Ministre et sur laquelle l'intéressé est autorisé à consigner ses observations ou réclamations.

Si l'entrepreneur n'accepte pas purement et simplement la pénalité et formule une demande d'exonération, totale ou partielle, le montant de la pénalité est défalqué des mandats d'acomptes établis en sa faveur et le mandat de solde ne peut lui être délivré tant que le Ministre n'a pas statué sur la demande d'exonération.

III. — INEXÉCUTION DES OBLIGATIONS DE L'ENTREPRENEUR.

Lorsque l'entrepreneur ne se conforme pas, soit aux dispositions du marché, soit aux ordres de service écrits qui lui sont donnés, un ordre du directeur, sur la proposition du chef du service, le met en demeure d'y satisfaire dans un délai déterminé. Ce délai, sauf le cas d'urgence, n'est pas de moins de dix jours, à dater de la notification de l'ordre de mise en demeure.

Passé ce délai, si l'entrepreneur n'a pas exécuté les dispositions prescrites, le directeur, par un second ordre, ordonne l'établissement d'une régie aux frais de l'entrepreneur. Dans ce cas, il est procédé immédiatement, en sa présence ou lui dûment appelé, à l'inventaire descriptif du matériel de l'entreprise.

Il en est aussitôt rendu compte au Ministre, qui peut, selon les circonstances, soit ordonner une nouvelle adjudication aux risques et périls de l'entrepreneur, soit prononcer la résiliation pure et simple du marché, soit prescrire la continuation de la régie.

Marchés de travaux.

Pendant la durée de la régie, l'entrepreneur est autorisé à suivre les opérations, sans qu'il puisse toutefois entraver l'exécution des ordres du chef du service.

Il peut d'ailleurs être relevé de la régie s'il justifie des moyens nécessaires pour reprendre les travaux et les mener à bonne fin.

Les excédents de dépenses qui résultent de la régie ou de l'adjudication aux risques et périls sont prélevés, par voie de précompte, sur les sommes qui peuvent être dues à l'entrepreneur, sans préjudice des droits à exercer contre lui en cas d'insuffisance.

Si la régie ou l'adjudication aux risques et périls amène au contraire une diminution dans les dépenses, l'entrepreneur ne peut réclamer aucune part de ce bénéfice, qui reste acquis à l'administration.

Les actes frauduleux peuvent, indépendamment des poursuites judiciaires prévues par l'article 70 ci-après, faire exclure l'entrepreneur de toute participation aux marchés de la guerre. Cette exclusion est prononcée par le Ministre de la guerre, qui peut, d'ailleurs, appliquer également cette mesure aux entrepreneurs contre lesquels sont relevés des manquements graves aux engagements pris, sans qu'il soit nécessaire que ces manquements présentent le caractère frauduleux.

Art. 37.

Cas de guerre.

Dans un délai de quinze jours à compter du jour de la notification de l'approbation du marché à l'adjudicataire, celui-ci doit faire connaître au chef du service s'il est susceptible d'être appelé sous les drapeaux.

Dans le cas de l'affirmative, l'entrepreneur est tenu de désigner le fondé de pouvoir qui sera chargé de le suppléer dans l'exécution du marché pendant la durée des hostilités.

Art. 38.

Décès, faillite ou liquidation judiciaire de l'entrepreneur.

En cas de décès de l'entrepreneur, le contrat est résilié de droit, sauf à l'administration à accepter, s'il y a lieu, les offres

Marchés de travaux.

qui peuvent être faites par les héritiers pour la continuation des travaux.

En cas de faillite de l'entrepreneur, le contrat est également résilié de plein droit, sauf à l'administration à accepter, s'il y a lieu, les offres qui peuvent être faites par les créanciers, pour la continuation de l'entreprise.

Si l'entrepreneur suspend ses payements et s'il est admis au bénéfice de la liquidation judiciaire telle qu'elle est réglée par la loi du 4 mars 1889, l'entrepreneur peut continuer l'exécution de son marché s'il est autorisé par le tribunal à poursuivre l'exploitation de son industrie.

S'il n'est pas autorisé par le tribunal, il est procédé comme pour la faillite.

TITRE III.

Règlement des dépenses.

Art. 39.

Bases du règlement des comptes.

I. — TRAVAUX.

A défaut de stipulations spéciales dans le marché, les comptes sont établis d'après les quantités et ouvrages réellement effectués, suivant les dimensions et les poids constatés par des métrés et des pesages faits en cours ou en fin d'exécution, sauf dans les cas prévus par l'article 23, et les dépenses sont réglées d'après les prix indiqués au marché (1).

L'entrepreneur ne peut, dans aucun cas, pour les métrés et pesages, invoquer en sa faveur les us et les coutumes.

II — FOURNITURE D'OBJETS MOBILIERS.

Lorsque le marché comporte par exception la fourniture de matériaux ou d'objets destinés à constituer des approvisionne-

---

(1) Les calculs sont poussés jusqu'aux centimes en négligeant toute fraction inférieure.

ments, les dépenses relatives à ces matériaux et à ces objets donnent lieu à l'établissement de factures spéciales, conformément aux dispositions réglementaires qui concernent la comptabilité-matières, et ne sont pas comprises dans le décompte des travaux.

Art. 40.

Attachements.

Les attachements sont pris au fur et à mesure des travaux, par l'agent chargé de la surveillance, en présence de l'entrepreneur et contradictoirement avec lui ; celui-ci doit les signer au moment de la présentation qui lui en est faite.

Lorsque l'entrepreneur refuse de signer ces attachements ou ne les signe qu'avec réserves, il lui est accordé un délai de dix jours, à dater de la présentation des pièces, pour formuler par écrit ses observations. Passé ce délai, les attachements sont censés être acceptés par lui, comme s'ils étaient signés sans réserves.

Dans le cas de refus de signature ou de signature avec réserves, il est dressé procès-verbal de la présentation et des circonstances qui l'ont accompagnée. Le procès-verbal est annexé aux pièces non acceptées.

Les résultats des attachements inscrits sur les carnets ne sont portés en compte qu'autant qu'ils ont été admis par le chef du service.

Art. 41.

Décomptes provisoires.

En principe, il est dressé tous les deux mois un décompte provisoire des ouvrages exécutés et des dépenses faites, pour servir de base aux payements d'acomptes à faire à l'entrepreneur.

Cet intervalle entre deux décomptes successifs peut être réduit, si des règlements spéciaux à certaines catégories d'entrepreneurs le prescrivent, ou si l'administration le juge utile.

Art. 42.

Décomptes définitifs en fin d'exercice ou d'entreprise.

En fin d'entreprise et à la fin de chaque exercice, il est dressé

Marchés de travaux.

par le chef du service un décompte des travaux exécutés pendant l'exercice.

L'entrepreneur est invité, par un ordre de service dûment notifié, à venir prendre connaissance, dans les bureaux du chef du service, de ce décompte, auquel sont joints les carnets et les pièces à l'appui, et à le signer pour acceptation ; procès-verbal est dressé de la présentation qui lui en est faite et des circonstances qui l'ont accompagnée.

L'entrepreneur, indépendamment de la communication qui lui est faite de ces pièces sans déplacement, est en outre autorisé à faire transcrire par ses commis, dans les bureaux du chef de service, celles dont il veut se procurer des expéditions.

S'il refuse d'accepter, ou s'il ne signe qu'avec réserves, il doit, dans les trente jours qui suivent la notification de l'ordre de service mentionné au deuxième alinéa du présent article, formuler par écrit les réclamations qu'il croit devoir faire en dehors de celles périmées par application des articles 10 et 40 ci-dessus.

Il est expressément stipulé que l'entrepreneur n'est point admis à élever de réclamations au sujet des pièces ci-dessus indiquées, après ledit délai de trente jours, et que, passé ce délai, le décompte est censé accepté par lui, quand bien même il ne l'aurait signé qu'avec des réserves dont les motifs ne seraient pas spécifiés.

Le procès-verbal de présentation doit toujours être annexé aux pièces non acceptées.

Art. 43.

Revision des prix.

Lorsque, par suite de variation dans le taux des salaires ou la durée de la journée de travail, la revision du bordereau des salaires normaux aura été effectuée et que les nouvelles fixations du bordereau revisé dépasseront en plus ou en moins la limite de 33 p. 100, soit desdits salaires, soit de la durée de la journée de travail, une revision correspondante des prix du marché autres que les prix de fourniture des matériaux ou de location des machines pourra être réclamée par l'entrepreneur ou effectuée d'office par l'administration.

Il est également tenu compte à l'entrepreneur, en plus ou en moins, des augmentations ou des diminutions apportées après la passation du marché, aux droits perçus par l'Etat, les départements ou les communes, et frappant directement les matériaux entrant dans les ouvrages qui font l'objet du marché, à l'exception des droits de douane, lesquels ne donnent jamais lieu à compensation.

En dehors de ces cas, l'entrepreneur n'est jamais admis à discuter les prix du marché qui ont été consentis par lui.

Art. 44.

Reprise du matériel en cas de résiliation.

Dans les cas de résiliation prévus par les articles 9, 30, 31, 33, 35, 36 et 38, l'administration n'est pas tenue d'acquérir le matériel existant sur les chantiers et pouvant servir à l'achèvement des travaux ; d'autre part, cette cession ne peut jamais être imposée à l'entrepreneur ou à ses ayants droit. La reprise du matériel ne pourra résulter que de conventions amiables.

Dans tous les cas de résiliation, l'entrepreneur est tenu d'évacuer les chantiers, magasins et emplacements utiles à l'achèvement des travaux et situés sur les terrains appartenant à l'Etat dans le délai qui est fixé par l'administration.

Les matériaux approvisionnés par ordre et déposés sur les chantiers, s'ils remplissent les conditions du marché, sont acquis par l'Etat au prix de l'adjudication ou à dire d'experts, à défaut d'entente amiable.

Les matériaux qui ne sont pas déposés sur les chantiers ne sont pas portés en compte à moins de stipulations spéciales inscrites dans le cahier des charges spéciales ou le devis de l'entreprise.

TITRE IV.

Payements.

Art. 45.

Payement d'acomptes.

Tous les deux mois, en principe, et le plus souvent, si des règlements spéciaux à certaines catégories d'entrepreneurs le pres-

Marchés de travaux.

crivent ou si l'administration le juge utile, l'entrepreneur reçoit des acomptes, sur la production de certificats dans lesquels le chef du service évalue l'importance des travaux exécutés et des approvisionnements réalisés.

Ces acomptes ne doivent pas excéder, soit les 5/6, soit les 11/12 des droits constatés par le chef du service, suivant qu'il s'agit de travaux ordinaires ou de travaux extraordinaires (1), ce qui est indiqué au cahier des charges spéciales.

Les sommes dont les entrepreneurs pourraient être débiteurs envers l'Etat sont déduites des mandats d'acompte. La délivrance des acomptes n'est pas retardée lorsque les dates d'achèvement des travaux ou des livraisons donneraient lieu à des pénalités sur lesquelles il resterait à se prononcer ; réserve est faite du montant de ces pénalités par la retenue opérée sur les droits constatés.

Art. 46.

Réception provisoire.

Immédiatement après l'achèvement des travaux, il est procédé à l'examen et, à moins d'impossibilité, à une réception provisoire par le chef du service, en présence de l'entrepreneur, ou lui dûment appelé par écrit. Cette opération fait l'objet d'une inscription au registre d'ordres.

Si l'entrepreneur fait défaut, cette circonstance est mentionnée au registre ; il ne peut, en aucun cas, se prévaloir de son absence.

Art. 47.

Réception définitive.

Il est procédé de la même manière à la réception définitive après l'expiration du délai de garantie.

A défaut de stipulation expresse dans le cahier des charges spéciales ou le devis, ce délai est d'un an pour les gros ouvrages à partir de la réception provisoire.

Pendant la durée de ce délai, l'entrepreneur reste responsable de ses ouvrages et est tenu de les entretenir, sans préju-

---

(1) Article 143 du décret du 3 avril 1869.

Marchés de travaux.

dice de l'action en garantie prévue par les articles 1792 et 2270 du Code civil.

Art. 48.

Payement pour solde.

Le payement pour solde des travaux exécutés pendant l'exercice est effectué au plus tard dans un délai de trois mois après leur réception provisoire, sans attendre l'expiration du délai de garantie qui peut être stipulé au marché, et seulement lorsque l'entrepreneur a justifié de l'accomplissement des obligations énoncées dans les articles 17 et 18.

Si l'entrepreneur n'a pas fourni ces justifications en temps utile, le montant du solde est déposé, en tout ou en partie, à la Caisse des dépôts et consignations, pour n'être ensuite délivré à l'entrepreneur que sur le vu d'un certificat du directeur du service constatant que les prescriptions énoncées au paragraphe précédent ont été remplies.

Si, en raison de contestations sur le montant du solde, l'entrepreneur refuse de le recevoir, le versement à la Caisse des dépôts et consignations libérera l'Etat de toute obligation relative aux délais de payement.

Les mandats de payement intégral ou pour solde sont appuyés des justifications prescrites par le règlement du 3 avril 1869 (1).

La prise en charge mentionnée sur les factures tient lieu de certificat d'exécution du service.

Art. 49.

Intérêts pour retard de payement.

Les payements ne pouvant être faits qu'au fur et à mesure des fonds disponibles, il ne sera jamais alloué d'indemnité, sous aucune dénomination, pour retard de payement pendant l'exécution des travaux.

Toutefois, si l'entrepreneur ne peut être entièrement soldé dans les trois mois qui suivent la réception provisoire régulièrement constatée, il a droit à des intérêts calculés d'après le

---

(1) É. M., vol. n° 24 ter.

Marchés de travaux.

taux légal, pour la somme qui lui est due. Mais ces intérêts ne seront payés que sur sa demande et à partir du jour de cette demande.

TITRE V.

Contestations.

Art. 50.

Réclamations au sujet de contestations.

Toute réclamation autre que celles périmées dans les délais fixés par les articles 10, 40 et 42 ci-dessus, y compris les demandes de rétablissement de chiffres omis et de redressement d'erreur de calcul, doivent être produites dans un délai de six mois, à dater de la notification faite, conformément aux dispositions de l'article 42, du dernier décompte définitif de l'entreprise.

Le mémoire de l'entrepreneur doit être adressé au Ministre par l'intermédiaire du directeur, qui inscrit la date de sa production sur le registre des titres de créance et en donne récépissé à l'intéressé. Ce mémoire indique les motifs et le montant de chaque réclamation.

Lorsque la décision du Ministre ne donne pas satisfaction à l'entrepreneur, celui-ci peut recourir soit à la voie de l'arbitrage ouverte par la loi du 17 avril 1906, soit à la juridiction contentieuse ; si dans le délai de six mois à dater de la notification ci-dessus, l'entrepreneur n'a fait aucune demande de transaction ou d'arbitrage, ou s'il n'a pas porté ses réclamations devant le conseil de préfecture, il sera considéré comme ayant adhéré à ladite décision et toute réclamation se trouvera éteinte.

Il peut également suivre les mêmes voies que ci-dessus dans le cas où le Ministre n'aurait pas répondu dans un délai de trois mois aux réclamations à lui adressées.

Marchés de travaux.

Art. 51.

Jugement des contestations.

Conformément aux dispositions légales (1), toute difficulté entre l'administration et l'entrepreneur, concernant le sens ou l'exécution des clauses du marché, est portée devant le conseil de préfecture, qui statue, sauf recours au Conseil d'Etat.

TITRE VI.

Conditions du travail.

Art. 52.

Emploi des ouvriers étrangers.

A moins d'une dérogation expresse et formelle insérée au cahier des charges spéciales, et résultant d'une décision prise personnellement par le Ministre, l'emploi des ouvriers étrangers est interdit sur les chantiers des ouvrages de fortifications, y compris les bâtiments militaires situés dans l'intérieur de ces ouvrages.

Pour les travaux afférents aux bâtiments militaires autres que ceux situés dans l'intérieur des ouvrages de fortification, l'emploi de ces ouvriers peut être toléré dans une proportion fixée, dans chaque cas particulier, au cahier des charges spéciales.

Art. 53.

Interdiction du marchandage.

Le marchandage est interdit à l'entrepreneur, conformément aux dispositions légales (2).

Art. 54.

Salaires.

Les salaires que l'entrepreneur s'engage à payer à ses ou-

---

(1) Loi du 28 pluviôse an VIII.
(2) Décret du 2 mars 1848 et arrêté du gouvernement du 21 mars 1848.

Marchés de travaux.

vriers ne pourront être inférieurs aux taux indiqués dans un bordereau, dit bordereau des salaires normaux, inséré au cahier des charges spéciales et affiché, aux frais de l'entreprise, en des points du chantier à déterminer par le chef du service. Ce bordereau indique également la durée du travail journalier par profession.

Les salaires des ouvriers seront payés sur les chantiers ou dans leur voisinage lorsque le chef du service estimera que leur importance le justifie.

Un agent de l'administration pourra assister à la paye des ouvriers toutes les fois que le chef du service le jugera utile. Cet agent recevra, s'il y a lieu, les réclamations et les transmettra, pour examen, à l'administration.

L'entrepreneur devra, à toute réquisition, communiquer au chef du service ou à son délégué, les feuilles de paye des ouvriers, indiquant pour chacun d'eux les heures de travail qui lui ont été attribuées ainsi que le salaire payé.

Art. 55.

Durée du travail des jeunes ouvriers et des femmes.

La durée du travail journalier des enfants âgés de moins de 18 ans, des filles mineures et des femmes ne pourra pas excéder dix heures. Cette disposition s'applique, d'ailleurs, aux ouvriers adultes travaillant sur les mêmes chantiers que des femmes, des filles mineures ou des enfants (1).

Art. 56.

Heures supplémentaires de travail.

En cas de nécessité absolue, résultant de l'urgence dûment constatée et de l'impossibilité d'augmenter le nombre des ouvriers, l'entrepreneur pourra, avec l'autorisation écrite du chef du service, déroger aux prescriptions du cahier des charges spéciales relatives à la durée normale du travail journalier et du présent cahier des clauses et conditions générales, sauf en ce qui concerne les ouvriers âgés de moins de 18 ans, les filles

---

(1) Loi du 30 mars 1900.

Marchés de travaux.

mineures et les femmes pour lesquels le travail journalier ne devra jamais dépasser dix heures.

Les salaires des heures supplémentaires de travail sont passibles d'une majoration dont le quantum est fixé au bordereau des salaires normaux.

Art. 57.

Salaires réduits.

Lorsque l'entrepreneur aura à employer des ouvriers que leurs aptitudes physiques met dans une condition d'infériorité notoire sur les ouvriers de la même catégorie, il pourra leur appliquer, exceptionnellement, un salaire inférieur au salaire normal.

La proportion maxima de ces ouvriers et le maximum de réduction à faire subir aux salaires normaux sont indiqués au cahier des charges spéciales.

Art. 58.

Travail à l'heure.

Lorsque, sur l'ordre écrit du chef du service, les travaux devront être décomptés à l'heure, les heures de travail des ouvriers seront payées à l'entrepreneur aux prix du bordereau des salaires normaux, après que ces prix auront été majorés de vingt pour cent (20 p. 100) pour tenir compte des faux frais et bénéfices.

Moyennant cette majoration, l'entrepreneur sera tenu de fournir et d'entretenir tous les outils, apparaux, engins et échafaudages nécessaires pour l'exécution du travail et d'assurer l'éclairage en cas de travail de nuit.

Les sommes ainsi payées à l'entrepreneur pour travaux à l'heure ne seront pas passibles soit du rabais, soit de la surenchère résultant du contrat.

Art. 59.

Payement de salaires insuffisants.

S'il est dûment constaté qu'un ouvrier a été payé à un taux inférieur à celui indiqué dans le bordereau des salaires normaux, l'entrepreneur sera mis en demeure, par la voie de

Marchés de travaux.

l'ordre, de s'acquitter immédiatement de ce qui reste dû à l'ouvrier.

Si l'entrepreneur ne se conforme pas à cette mise en demeure, les différences de salaires dues à l'ouvrier lui seront payées directement par l'administration et seront précomptées sur les sommes qui peuvent être dues à l'entrepreneur, sans préjudice des droits à exercer contre lui en cas d'insuffisance.

Art. 60.

Infractions aux conditions du travail.

Si l'entrepreneur contrevient aux dispositions ci-dessus, le Ministre a le droit, après une simple constatation du chef du service, de prononcer la résiliation du marché. Cette résiliation pourra être, soit pure et simple, soit accompagnée de la passation d'un nouveau marché aux risques et périls de l'entrepreneur.

Art. 61.

Revision des salaires.

Le bordereau des salaires normaux pourra être revisé sur la demande de l'entrepreneur ou des ouvriers lorsque des variations dans les taux des salaires ou dans la durée du travail journalier auront reçu une application générale dans l'industrie en cause.

Cette revision sera faite par les soins du chef du service qui devra :

1° Se référer, autant que possible, aux accords entre les syndicats patronaux et les ouvriers de la localité ;

2° A défaut de cette entente, provoquer l'avis de commissions mixtes composées en nombre égal de patrons et d'ouvriers et, en outre, se munir de tous renseignements utiles auprès des syndicats professionnels, conseils de prud'hommes, ingénieurs, architectes départementaux et communaux et autres personnes compétentes.

La décision prise par le chef du service ne pourra pas avoir d'effet rétroactif. Toutefois, les nouveaux salaires seront en général payés à partir du jour de la demande de revision.

Marchés de travaux.

Art. 62.

Interdiction d'employer les composés plombiques.

L'emploi des composés plombiques est formellement interdit pour la préparation des peintures et des mastics.

Art. 63.

Algérie (1).

L'application de la réglementation relative à l'établissement des salaires normaux étant facultative en Algérie, il peut être dérogé, par les cahiers des charges spéciales des marchés de travaux passés par l'administration de la guerre dans la colonie, aux clauses des articles 43, 54, 57, 58, 59 et 61 ci-dessus.

Art. 64.

Tunisie.

Les entrepreneurs des travaux de construction militaires en Tunisie sont soumis aux dispositions en vigueur dans la régence, en ce qui concerne les conditions du travail.

TITRE VII.

Clauses diverses.

Art. 65.

Représentants du service militaire.

Le représentant du service militaire vis-à-vis de l'entrepreneur est le chef du service (2), qui peut déléguer tout ou par-

---

(1) Décret du 21 mars 1902 modifié par le décret du 11 août 1904.
(2) Le chef du service désigné dans le présent cahier est :
Dans le service de l'artillerie, l'officier désigné par le Ministre ou par le directeur pour le service des bâtiments dans l'établissement ou dans l'arrondissement ;
Dans le service du génie, le chef du génie ;
Dans le service des poudres et salpêtres, l'ingénieur directeur de l'établissement.

Marchés de travaux.

tie de ses pouvoirs aux officiers, ingénieurs ou agents sous ses ordres. Cette délégation est notifiée à l'entrepreneur.

Art. 66.

Personnel de l'entreprise.

Les commis et chefs d'atelier doivent être de nationalité française.

Art. 67

Conservation des plans, croquis d'exécution et documents écrits.

Conformément aux dispositions de la loi qui établit des pénalités contre l'espionnage (1), l'entrepreneur est personnellement responsable de la conservation des plans, croquis d'exécution ou documents écrits divers qui lui sont remis par l'administration en vue de l'exécution des travaux ou pour toute autre cause.

Art. 68.

Hospitalisation des ouvriers civils victimes d'accidents.

Les ouvriers civils, victimes d'accidents, peuvent être traités dans les hôpitaux militaires.

L'entrepreneur est tenu d'acquitter le montant des journées de traitement d'après les décomptes établis.

En cas de non-payement dans les huit jours qui suivent la notification administrative de ce décompte, le montant en est retenu sur le premier mandat à délivrer à l'entrepreneur.

Art. 69.

Emploi de la main-d'œuvre militaire.

Les soldats et les prisonniers de guerre, ainsi que les condamnés militaires, peuvent être employés à l'exécution des travaux.

Ils sont alors payés directement par l'administration militaire.

L'entrepreneur est tenu de leur fournir le matériel aux prix fixés au marché.

---

(1) Loi du 18 avril 1886 (articles 1, 4 et 5).

Marchés de travaux.

Il ne pourra élever aucune réclamation au sujet de l'emploi de la main-d'œuvre militaire, et il aura seulement le droit d'invoquer, le cas échéant, le bénéfice des articles 30 à 33 ci-dessus.

Art. 70.

Application des articles 430, 431 et 433 du Code pénal.

L'entrepreneur et ses agents sont passibles des peines prononcées par les articles 430, 431 et 433 du Code pénal, dans les cas prévus par ces articles.

Art. 71.

Droits de timbre et d'enregistrement.

L'entrepreneur est soumis, notamment en ce qui concerne les droits de timbre et d'enregistrement des comptes et pièces justificatives, aux dispositions du règlement sur la comptabilité des dépenses du Département de la guerre, ainsi qu'aux dispositions du décret portant règlement sur les travaux de constructions militaires.

Art. 72.

Prorogation facultative des marchés d'entretien et de vidanges.

L'administration se réserve la faculté de proroger les marchés d'entretien et de vidanges pendant un délai qui ne pourra pas dépasser trois mois.

Notification de cette prorogation et de sa durée sera adressée à l'entrepreneur quinze jours au moins avant l'expiration de son marché.

Marchés de travaux.

TABLE DES MATIÈRES

du cahier des clauses et conditions générales applicables aux marchés de travaux de constructions militaires.

Articles.   Pages.
1. Dispositions générales.   1

TITRE Iᵉʳ.

PASSATION DES MARCHÉS.

2. Mode de passation des marchés par adjudication   1
3. Cautionnements.   2
4. Approbation de l'adjudication.   2
5. Pièces à délivrer à l'entrepreneur.   3
6. Marchés de gré à gré.   3
       I. Garanties à exiger des entrepreneurs.   3
       II. Mode de passation des marchés de gré à gré.   3
       III. Approbation des marchés de gré à gré.   3
7. Frais auxquels donne lieu la passation des marchés.   3
8. Domicile de l'entrepreneur. . . . . :   4

TITRE II.

EXÉCUTION DES TRAVAUX.

9. Défense de sous-traiter sans autorisation.   4
10. Ordres de service pour l'exécution des travaux.   5
11. Police des chantiers.   6
12. Présence de l'entrepreneur sur les lieux des travaux.   6
13. Choix des commis, chefs d'ateliers et ouvriers.   7
14. Liste nominative des ouvriers.   7
15. Payement des ouvriers.   7
16. Secours aux ouvriers victimes d'accidents.   7
17. Outils, équipages et faux frais de l'entreprise.   8
18. Carrières désignées au devis.   8
19. Carrières proposées par l'entrepreneur.   9
20. Défense de livrer au commerce les matériaux extraits des carrières désignées.   9
21. Spécifications relatives aux matériaux et objets à fournir ou à employer.   9
       I. Qualité des matériaux.   9
       II. Provenance des matériaux.   10
       III. Echantillons-types.   10
       IV. Travaux comportant l'application de systèmes brevetés.   10

Marchés de travaux.

Articles.	Pages.
22. Enlèvement des matériaux et objets sans emploi	10
23. Dimensions et dispositions des ouvrages	11
24. Démolition d'anciens ouvrages	11
25. Objets trouvés dans les fouilles	12
26. Emploi des matières neuves ou de démolition appartenant à l'Etat	12
27. Vices de construction	12
28. Pertes et avaries en cas de force majeure	12
29. Règlement du prix des ouvrages non prévus	13
30. Augmentation dans la masse des travaux	13
31. Diminution dans la masse des travaux	14
I. Marchés sur devis et marchés sur série de prix passés spécialement pour travaux de créations, de grosses réparations ou d'améliorations	14
II. Marchés sur série de prix pour travaux de réparation et entretien	15
32. Changement dans l'importance des diverses natures d'ouvrages des marchés sur devis	15
33. Variations dans les prix	15
I. Marchés sur devis	15
II. Marchés sur série de prix quelle que soit la nature des travaux	16
34. Marchés sur série de prix auxquels ne sont pas applicables les dispositions des articles 30, 31 et 33	16
35. Cessation absolue ou ajournement des travaux	17
36. Mesures coercitives	17
I. Retard dans l'exécution des ouvrages	17
II. Demande d'exonération des pénalités	18
III. Inexécution des obligations de l'entrepreneur	18
37. Cas de guerre	19
38. Décès, faillite ou liquidation judiciaire de l'entrepreneur	19

TITRE III.

RÈGLEMENT DES DÉPENSES.

39. Bases du règlement des comptes	20
I. Travaux	20
II. Fournitures d'objets mobiliers	20
40. Attachements	21
41. Décomptes provisoires	21
42. Décomptes définitifs en fin d'exercice ou d'entreprise	21
43. Revision des prix	22
44. Reprise du matériel en cas de résiliation	23

TITRE IV.

PAYEMENTS.

45. Payement d'acomptes	23
46. Réception provisoire	24

Marchés de travaux.

Articles.	Pages.
47. Réception définitive.	24
48. Payement pour solde.	25
49. Intérêts pour retard de payement.	25

TITRE V.

CONTESTATIONS.

50. Réclamations au sujet de contestations	26
51. Jugement des contestations.	27

TITRE VI.

CONDITIONS DU TRAVAIL.

52. Emploi des ouvriers étrangers	27
53. Interdiction du marchandage.	27
54. Salaires.	27
55. Durée du travail des jeunes ouvriers et des femmes	28
56. Heures supplémentaires de travail	28
57. Salaires réduits.	29
58. Travail à l'heure.	29
59. Payement de salaires insuffisants	29
60. Infractions aux conditions du travail	30
61. Revision des salaires.	30
62. Interdiction d'employer les composés plombiques	31
63. Algérie.	31
64. Tunisie.	31

TITRE VII.

CLAUSES DIVERSES.

65. Représentants du service militaire	31
66. Personnel de l'entreprise.	32
67. Conservation des plans, croquis d'exécution et documents écrits.	32
68. Hospitalisation des ouvriers civils victimes d'accidents	32
69. Emploi de la main-d'œuvre militaire	32
70. Application des articles 430, 431 et 433 du Code pénal	33
71. Droits de timbre et d'enregistrement	33
72. Prorogation facultative des marchés d'entretien et de vidanges.	33

Paris et Limoges. — Imprimerie militaire Henri Charles-Lavauzelle.

www.ingramcontent.com/pod-product-compliance
Lightning Source LLC
Chambersburg PA
CBHW061006050426
42453CB00009B/1295